واحة الحكايات للنشر والتوزيع
دبي- واحة دبي للسيليكون
الإمارات العربية المتحدة
Wahat Alhekayat Publishing
and Distribution - UAE
Dubai +97143336366
+971504599804
+971558236687
info@wahatalhekayat.com
www.wahatalhekayat.com
www.wahatalhekayat.academy
سلسلة لكل حرف حكاية
قصة: حصان سلوى
تأليف: صفاء عزمي
رسوم: زينة المسيري
ISBN 9789948096955

أكاديمية واحة الحكايات

موقع واحة الحكايات

حصان سلوى

تأليف: صفاء عزمي
رسوم: زينة المسيري

سلسلة لكل حرف حكاية:

- مجموعـة مكونـة مـن 28 قصة مرتبة تبعا لترتيب ترتيبُ واحةِ الحِكاياتِ للحُروف العربية

تـمَّ ترتيـبُ الحُروفِ العربيَّةِ ترتيبًا جديدًا (أ ن ب ر و هـ ز ... غ)، وهُوَ ترتيبٌ خاصٌّ بواحةِ الحِكاياتِ، ومُستوحًى مـنَ التَّرتيـبِ الأبجِديّ (أ ب ج د هـ و ز... غ).

- تمَّ تقسيمُ الحُروفِ (28 حرفًا) إلى 7 مجموعاتٍ (كلُّ مجموعةٍ 4 حروف).

- تمَّ اختيارُ الحُروفِ الأربعةِ في كلِّ مجموعةٍ على أساسِ سُهولةِ التَّمييزِ فيما بينَها، منْ ناحيةِ الشَّكلِ والنِّقاطِ على الحَرفِ، وذلكَ تمهيدًا لتقديمِ ومُراجعةِ كُلِّ 4 حُروفٍ و 4 قصصٍ في فترةٍ زمنيَّةٍ مُتقاربةٍ.

- كما تمَّ اختيارُ بعضِ الحُروفِ منَ الكلماتِ الأكثرِ شيوعًا في مرحلةِ الرَّوضةِ والصفِّ الأوَّل، مثل: (أنا- هُـو- هي- هُنا- هُنـاك- كانَ- لا- لي- لَعِب- رَسْم)، ووضعُها في مكانٍ متقدِّم من ترتيبِ واحةِ الحِكاياتِ، وأيضًا اختيارُ الحُروفِ الأكثرِ استعمالًا في اللُّغـةِ العربيَّةِ، ووضْعُها في مكانٍ مُتقدِّم منْ ترتيبِ واحةِ الحِكايات.

سَلْوى بِنْتٌ مَرِحَةٌ... تُحِبُّ الحِصانَ...
حِصانُ سَلْوى يَسْمَعُ الكَلامَ.

سَلْوى نادَتِ الحِصانَ...
الحِصانُ جاءَ... جاءَ.

سَلْوى فَرِحَتْ... سَلْوى رَكِبَتْ في الفِنـاءِ.
حِصانُ سَلْوى...أَكَلَ الحَلْوى... وشَرِبَ الماءَ.

سَلْوى بِنْتٌ مَرِحَةٌ تُحِبُّ الحَياةَ...
تُمَشِّطُ شَعْرَ الحِصانِ بِالفُرْشاةِ...

وَعِنْدَما تَأْكُلُ كَعْكَةً لَذيذَةً
تُشارِكُ الحِصانَ ولا تَنْساهُ...

وعِنْـدَما تَجِدُ زَهْرَةً جَميلَةً تَغْرِسُها مَعَهُ وتَرْويها بِالـمِياهِ...

13

وعِنْدَما يَتْعَبِ الحِصانُ
جِدًّا ويَنامُ...يَلْعَبُ
مَعَ سَلْوى في الأَحْلامِ.

14

نِقاشٌ: الحِصانُ يُحِبُّ سَلْوَى، لِماذا؟

تَفْكيرٌ: ما هِيَ الحَيَواناتُ الَّتي تَعيشُ بِأَمانٍ وَسَطِ البَشَرِ؟

تَأَمُّلٌ: في صَفْحَةِ (13-12) الحِصَانُ يُساعِدُ سَلْوى، كَيْفَ؟

اِقْتِراحٌ: أَقْتَرِحُ إِضافَةً إِلَى القِصَّةِ... أُضيفُ: رِحْلَةٌ قامَتْ بِها سَلْوى
والحِصانُ داخِلَ القِصَّةِ، إِلَى أَيْنَ يَذْهَبانِ.

وَصْفٌ: أَخْتارُ حَيَوانًا يَعيشُ في المَزْرَعَةِ، وأَصِفُهُ بِعِدَّةِ كَلِماتٍ.
مِثالٌ: وَزَّةٌ بَيْضاءُ، رَقَبَتُها طَويلَةٌ، تَجْري بِسُرْعَةٍ.

أفْكارٌ لِلأُسْرَةِ والمُعَلِّمِ

- في الصَّفْحَةِ المُقابِلَةِ، نَجِدُ مَجْموعَةً مِنَ الأفْكارِ الَّتي تُساعِدُ عَلَى تَنْمِيةِ مَهاراتٍ أساسِيَّةٍ لَدَى الطِّفْلِ، مِثْلَ: القُدْرَةِ عَلَى النِّقاشِ والتَّفْكيرِ التَّحليلِي النَّاقِدِ، وقُوَّةِ المُلاحَظَةِ، والتَّواصُلِ، والإبْداعِ.
- يُمْكِنُ أنْ نأخُذَ بِهَذِهِ الأفْكارِ، جَميعِها أوْ بَعْضِها.
- يُمْكِنُ أنْ نُكَرِّرَ قِراءَةَ القِصَّةِ، وفي كُلِّ مَرَّةٍ نَخْتارُ بَعْضَ الأفْكارِ لِنُناقِشَها.
- إذا أحَسَّ الطِّفْلُ بالنُّعاسِ أثْناءَ القِصَّةِ، مِنَ الأفْضَلِ أنْ نَتَوَقَّفَ ونُكْمِلَ القِصَّةَ لاحِقًا.
- في بَعْضِ الأحْيانِ يُجيبُ الطِّفْلُ عَلَى النِّقاشِ بِ«نَعَمْ» أوْ «لا»، أوْ بِكَلِمَةٍ واحِدَةٍ. في هَـذِهِ الحالَةِ أُعْطِي الطِّفْلَ بَعْضَ الوَقْتِ؛ كَيْ يَبْحَثَ عَنْ جُمْلَةٍ أوْ فِكْرَةٍ، ويُمْكِنُ أنْ أُحَفِّزَهُ عَلَى الاسْتِمْرارِ في الحَديثِ بِكَلِماتٍ مِثْلَ: أحْسَنْتَ، رُبَّما، كَيْفَ؟ أيْنَ؟ لِماذا؟ هَلْ تُحِبُّ؟ هَلْ تَعْتَقِدُ؟
- الهَدَفُ مِنْ هَذِهِ القِصَصِ لَيْسَ فَقَطِ الاسْتِمْتاعَ بالقِراءَةِ، وتَعَلُّمَ الحُروفِ، ولكِنَّهُ أيْضًا رَبْطُ أحْداثِ القِصَّةِ والشَّخْصِيَّاتِ والأماكِنِ بِعالَمِ الطِّفْلِ، وتَنْمِيةُ هِواياتِهِ وقُدْرَتِهِ عَلَى التَّعْبيرِ.